ELECCIONES PRESIDENCIALES CONOCIDAS

KATHRYN WESGATE
TRADUCIDO POR ROSSANA ZÚÑIGA

 Gareth Stevens
PUBLISHING

ENCONTEXTO

Please visit our website, www.garethstevens.com. For a free color catalog of all our high-quality books, call toll free 1-800-542-2595 or fax 1-877-542-2596.

Cataloging-in-Publication Data
Names: Wesgate, Kathryn.
Title: Elecciones presidenciales conocidas / Kathryn Wesgate.
Description: New York : Gareth Stevens Publishing, 2021. | Series: Conoce las elecciones de Estados Unidos | Includes glossary and index.
Identifiers: ISBN 9781538260630 (pbk.) | ISBN 9781538260654 (library bound) | 9781538260647 (6 pack) | ISBN 9781538260661 (ebook)
Subjects: LCSH: Presidents—United States—Election—Juvenile literature. | Elections—United States—Juvenile literature. | Electoral college—United States—Juvenile literature. | Voting—United States—Juvenile literature.
Classification: LCC JK529.W47 2021 | DDC 324.6'3—dc23

First Edition

Published in 2021 by
Gareth Stevens Publishing
111 East 14th Street, Suite 349
New York, NY 10003

Copyright © 2021 Gareth Stevens Publishing

Translator: Rossana Zúñiga
Editor, Spanish: María Cristina Brusca
Editor: Kate Mikoley

Photo credits: Cover, p. 1 Pool/Getty Images; series art kzww/Shutterstock.com; series art (newspaper) MaryValery/Shutterstock.com; p. 5 Tetra Images/Getty Images; p. 7 Hill Street Studios/DigitalVision/Getty Images; p. 9 (https://commons.wikimedia.org/wiki/File:George_Washington_1795.jpg) Wikimedia; pp. 11, 19, 20 Bettmann/Getty Images; p. 13 GraphicaArtis/Archive Photos/Getty Images; p. 15 Everett Historical/Shutterstock.com; p. 17 https://upload.wikimedia.org/wikipedia/commons/a/a0/Maryland%2C_Antietam%2C_President_Lincoln_on_the_Battlefield_-_NARA_-_533297.jpg; p. 18 https://commons.wikimedia.org/wiki/File:Horace_Greeley_restored.jpg; p. 21 W. Eugene Smith/The LIFE Picture Collection/Getty Images; pp. 23, 25 Brooks Kraft/Sygma/Getty Images; p. 27 https://en.wikipedia.org/wiki/File:President_Barack_Obama.jpg; p. 29 Drew Angerer/Getty Images News/Getty Images.

CPSIA compliance information: Batch #CS20GS: For further information contact Gareth Stevens, New York, New York at 1-800-542-2595.

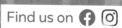

CONTENIDO

Las palabras del glosario se muestran en **negrita** la primera vez que aparecen en el texto.

HACIA LAS ELECCIONES

Cada cuatro años, millones de estadounidenses participan en las **elecciones** presidenciales. Votan por la persona que consideran debe dirigir el país por los siguientes cuatro años. El resultado de las elecciones no siempre es como se espera. A lo largo de la historia estadounidense, algunas elecciones se han destacado más que otras.

SI QUIERES SABER MÁS

Cuando las personas van a votar participan en
una elección popular. El candidato con más
votos, gana por voto popular.

EL COLEGIO ELECTORAL

El Colegio Electoral elige al presidente. Cada estado tiene un número de votos, llamado voto electoral, basado en la cantidad de personas que viven en cada estado. Estos votantes, llamados electores, componen el Colegio Electoral. El voto popular decide cuántos electores de cada **partido político** son elegidos para votar por su **candidato**.

POLLING PLACE
投票站 CASILLA ELECTORAL
投票所 LUGAR NG BOTOHAN
투표소 PHÒNG PHIẾU

SI QUIERES SABER MÁS

Actualmente, existen 538 votos electorales. Un candidato necesita por lo menos 270 votos para convertirse en presidente.

NINGUNA COMPETENCIA PARA WASHINGTON

En 1789, los electores de 10 de los 13 estados votaron por el primer presidente de Estados Unidos. Los otros tres estados no votaron. Los 69 electores eligieron a George Washington. Hasta hoy, ¡es el único presidente elegido **por unanimidad** por el Colegio Electoral!

SI QUIERES SABER MÁS

A diferencia de los candidatos de hoy, que se postulan para cargos públicos, Washington no lo hizo; tampoco trató de convencer a la gente para que votaran por él. En realidad, no estaban seguros de que Washington tomara el cargo.

9

En 1792, Washington ganó por unanimidad una vez más y fue electo presidente para un segundo término, o período. En 1796, decidió no postularse nuevamente. Este fue el inicio de una práctica para que los presidentes no buscaran un tercer período, aunque no siempre se siguió.

SI QUIERES SABER MÁS

En 1940, Franklin D. Roosevelt se convirtió en el primer presidente en ser elegido para un tercer término. Fue elegido para un cuarto período, en 1944. Luego se estableció oficialmente el límite de mandato de dos períodos.

LA EMOCIONANTE ELECCIÓN DE 1800

Al principio, el Colegio
Electoral se estableció de manera
diferente a como lo es hoy.
Los electores tenían dos votos
y el candidato con más votos
se convertía en presidente.

El candidato en segundo lugar era
el vicepresidente. Pero en 1800,
se presentó un problema, Thomas
Jefferson y Aaron Burr, ¡quedaron
empatados!

SI QUIERES SABER MÁS

La **Cámara de Representantes** resolvió el empate.
Eligieron a Jefferson como tercer presidente
de Estados Unidos y Burr se convirtió en
vicepresidente.

13

DIVIDIDOS

En 1860, varios miembros del Partido Demócrata, en el norte, no querían que la **esclavitud** se extendiera, pero los demócratas en el sur, sí. Como resultado, los demócratas **nominaron** a dos candidatos presidenciales. Con el Partido Demócrata dividido, el candidato republicano Abraham Lincoln ganó fácilmente.

SI QUIERES SABER MÁS

Después de las elecciones de 1860, Estados Unidos tuvo dos partidos políticos: los demócratas y los republicanos. Hoy en día siguen siendo los principales partidos políticos del país.

Lincoln y su partido estaban en contra de la expansión de la esclavitud en el país. El sur no estaba de acuerdo y se separó. Esto llevó al país a la guerra de Secesión estadounidense entre los estados del norte y los del sur; una lucha que duró de 1861 a 1865.

La guerra de Secesión comenzó casi un mes después de que Lincoln asumiera el cargo. Los estados del norte se llamaron la Unión y los del sur se llamaron la Confederación.

UNA ELECCIÓN MORTAL

Ulysses S. Grant ganó la elección de 1872. Se podría decir que no hubo mucho por qué pelear, ¡ya que el otro candidato murió antes de que la votación terminara!

Horace Greeley logró el 44% del voto popular, pero falleció antes de que el Colegio Electoral votara.

HORACE GREELEY

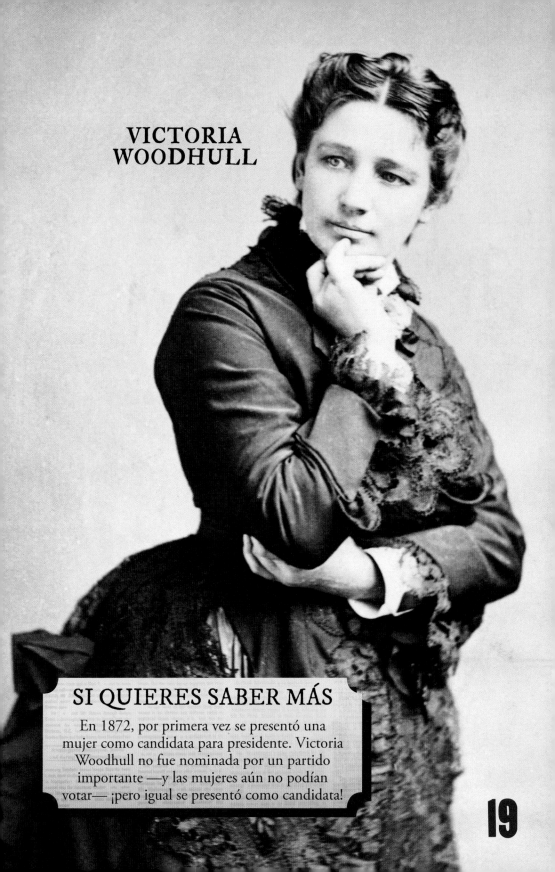

VICTORIA WOODHULL

SI QUIERES SABER MÁS

En 1872, por primera vez se presentó una mujer como candidata para presidente. Victoria Woodhull no fue nominada por un partido importante —y las mujeres aún no podían votar— ¡pero igual se presentó como candidata!

MENTIRA EN PRIMERA PLANA

En 1948, muchos **predijeron** que Thomas Dewey vencería a Harry Truman en las elecciones presidenciales. El periódico Chicago Daily Tribune, lo publicó al día siguiente, antes de que se contaran los votos. El **titular** decía que Dewey había ganado, ¡pero Truman era el ganador!

THOMAS DEWEY

20

HARRY TRUMAN

SI QUIERES SABER MÁS

Truman se tomó la famosa foto con el titular del periódico, pero otros también se equivocaron. La revista Life, también mencionaba a Dewey como "el siguiente presidente de Estados Unidos".

INVESTIGAR UNA ELECCIÓN

La elección del año 2000 fue una de las más disputadas. El republicano, George W. Bush, competía contra el demócrata, Al Gore. Usualmente, el ganador es anunciado al día siguiente de las elecciones. En aquel año, después de un mes, ¡la gente no sabía con seguridad quién había ganado!

AL GORE

SI QUIERES SABER MÁS

Los resultados eran tan cercanos que un estado estableció la diferencia. Los votos de Florida fueron contados muchas veces.

En Florida, los votantes tenían que hacer agujeros en las **papeletas** para marcar sus elecciones. Parte del papel se quedó unido con otras papeletas. La gente no se ponía de acuerdo en si estos votos podían contarse o no. Finalmente, la Corte Suprema detuvo el recuento de votos. Gore ganó el voto popular, pero Bush obtuvo más votos electorales y ganó la elección.

GEORGE W. BUSH

SI QUIERES SABER MÁS

Debido a la forma en que funciona el Colegio Electoral, una persona puede ganar el voto popular, pero perder la elección. Hasta el 2019, ha sucedido en 1824, 1876, 1888, 2000 y 2016.

CAMBIOS EN EL 2008

En el 2008, más de 130 millones de personas emitieron su voto para elegir al próximo presidente. La **participación electoral** fue la más alta en 40 años. Pero el hecho histórico más importante fue que el país había elegido al primer presidente afroamericano, Barack Obama.

SI QUIERES SABER MÁS

Obama es un demócrata que ganó el voto
electoral en estados como Florida, donde
los republicanos habían ganado las dos últimas
elecciones presidenciales.

ELECCIONES EN EL 2016

En el 2016, Hillary Clinton compitió con Donald Trump. Clinton fue la primera mujer de la historia de Estados Unidos en presentarse como candidata a la presidencia por un partido principal. A pesar de que perdió la elección, estuvo muy cerca de convertirse en presidenta.

SI QUIERES SABER MÁS

Clinton ganó el voto popular por más de 2.8 millones de votos. Sin embargo, solo recibió 227 votos electorales, mientras Trump obtuvo 304.

MOMENTOS IMPORTANTES DE ELECCIONES PRESIDENCIALES CONOCIDAS

1789

George Washington es elegido, por unanimidad, primer presidente del país.

1800

Thomas Jefferson y Aaron Burr empatan para la presidencia.

1860

Abraham Lincoln es elegido presidente. Los partidos Democrático y Republicano se convierten en los dos principales partidos.

1861

La guerra de Secesión empieza después que los estados del sur se separan del país debido a la elección de Lincoln.

1872

El candidato presidencial Horace Greeley muere antes de que termine el voto electoral. Victoria Woodhull es la primera mujer en postularse a la presidencia.

1948

Harry Truman le gana sorpresivamente a Thomas Dewey.

2000

George W. Bush le gana a Al Gore, después de varios recuentos de votos.

2008

Barack Obama es elegido primer presidente afroamericano.

2016

Hillary Clinton es la primera mujer en postular se por un partido principal.

GLOSARIO

Cámara de Representantes: una parte del Congreso, rama del Gobierno estadounidense que hace las leyes.

candidato: persona que se postula para un cargo.

elección: el acto de votar por alguien para un cargo gubernamental.

esclavitud: el estado de ser propiedad de otra persona y estar obligado a trabajar sin pago alguno.

nominar: elegir a alguien para un trabajo o cargo.

papeleta: hoja de papel con los nombres de los candidatos que se utiliza para votar.

participación electoral: porcentaje de quienes pueden votar; quienes realmente votan en una elección.

partido político: grupo de personas, con creencias e ideas similares sobre el Gobierno, que trabajan para que sus miembros sean elegidos para cargos gubernamentales.

por unanimidad: acordado por todos.

predecir: adivinar lo que sucederá en el futuro sobre la base de hechos o conocimiento.

titular: un título de una noticia, en un periódico, escrito en letra grande.

PARA MÁS INFORMACIÓN

LIBROS

Krasner, Barbara. *A Timeline of Presidential Elections.* North Mankato, MN: Capstone Press, 2016.

Martin, Bobi. *What Are Elections?* New York, NY: Britannica Educational Publishing in association with Rosen Educational Services, 2016.

SITIOS DE INTERNET

Electoral College Fast Facts
history.house.gov/Institution/Electoral-College/Electoral-College/
Visita el sitio de Internet de la Cámara de Representantes y obtén más información sobre el Colegio Electoral.

Presidential Election Process
www.usa.gov/election
Mira un video y una infografía para conocer el proceso de convertirse en presidente.

Nota del editor para educadores y padres: nuestro personal especializado ha revisado cuidadosamente estos sitios de Internet para asegurarse de que sean apropiados para los estudiantes. Muchos sitios de Internet cambian con frecuencia, por lo que no podemos garantizar que posteriores contenidos que se suban a esas páginas cumplan con nuestros estándares de calidad y valor educativo. Tengan presente que se debe supervisar cuidadosamente a los estudiantes siempre que tengan acceso a Internet.

ÍNDICE